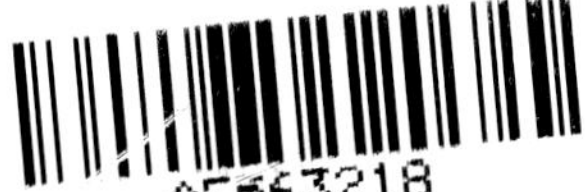
AF563218

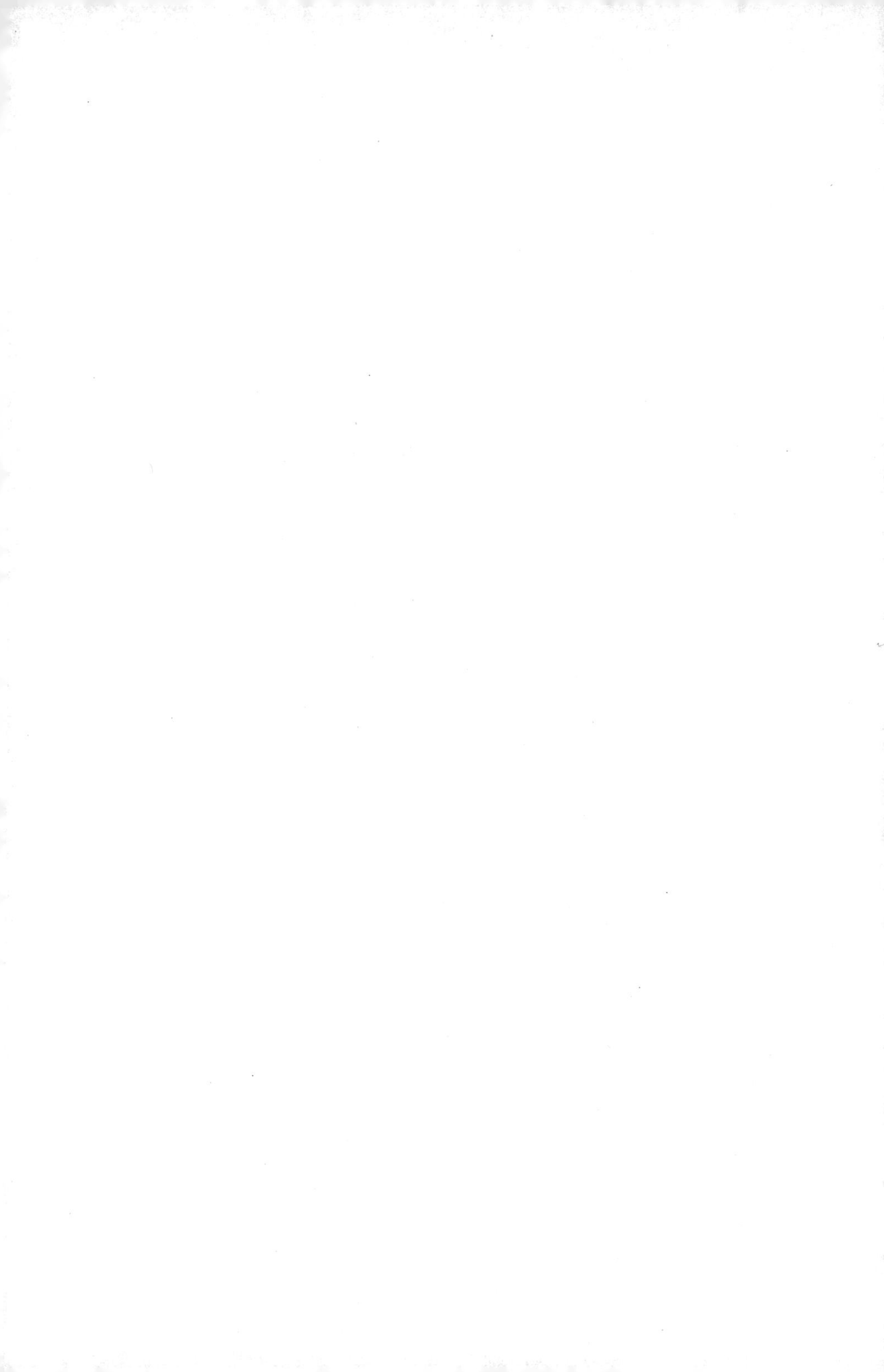

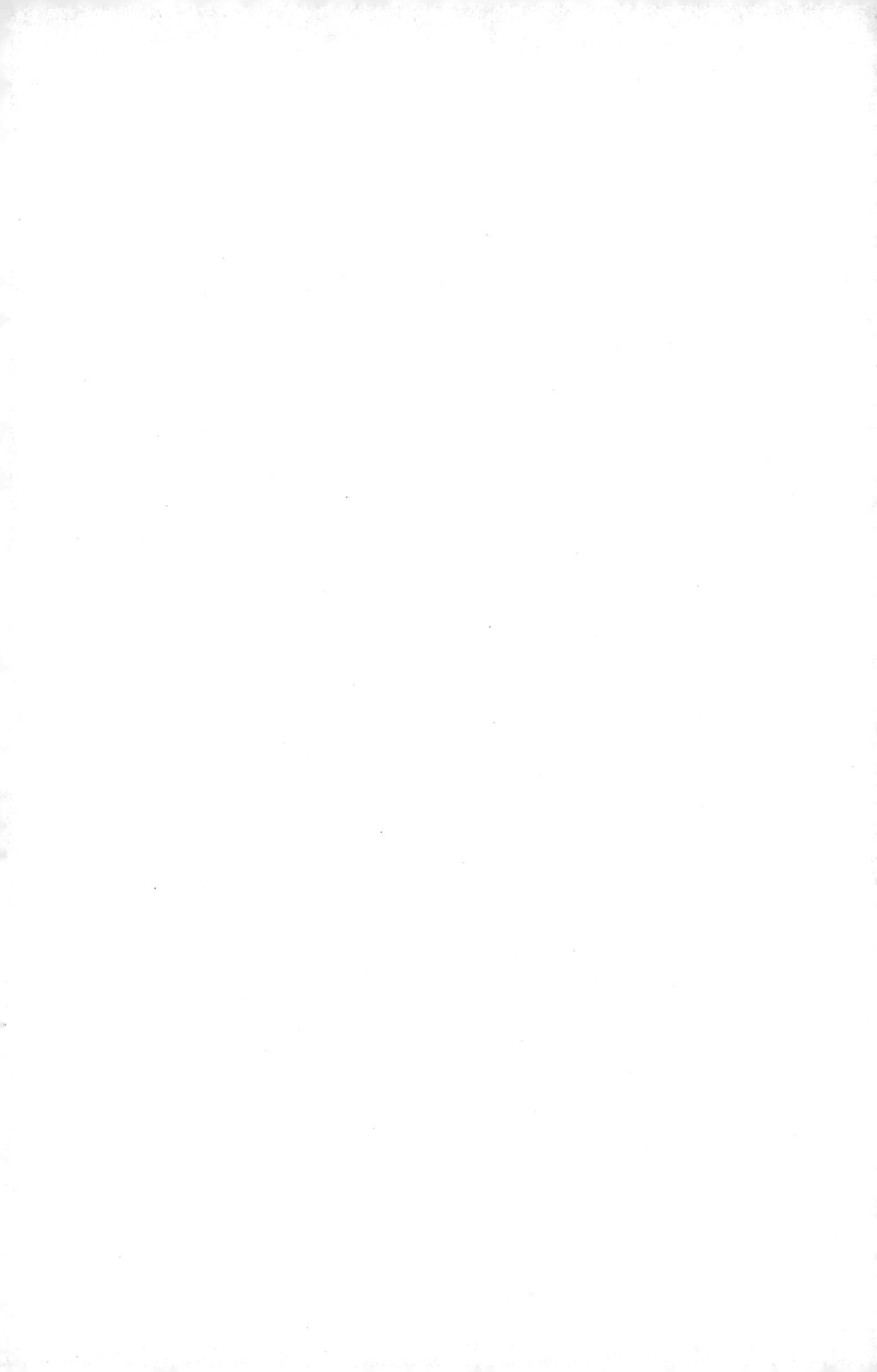

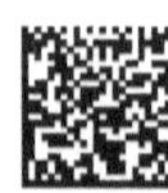

www.ingramcontent.com/pod-product-compliance
Lightning Source LLC
La Vergne TN
LVHW101926220826
846093LV00009B/389

* 9 7 8 2 0 1 1 1 6 9 6 7 9 *